Mario Quintana

O APRENDIZ DE FEITICEIRO SEGUIDO DE ESPELHO MÁGICO

QUINTANA F

1- Signo do Leão (30 de

po Az

o a m

passo

de t

afuge

Mario Quintana

O APRENDIZ DE
FEITICEIRO SEGUIDO DE
ESPELHO MÁGICO

ALFAGUARA

Copyright © 2012 by Elena Quintana de Oliveira

Grafia atualizada segundo o Acordo Ortográfico da Língua Portuguesa de 1990, que entrou em vigor no Brasil em 2009.

COLEÇÃO MARIO QUINTANA

ORGANIZAÇÃO
Italo Moriconi

PROJETO DE CAPA E MIOLO
Mariana Newlands

IMAGEM DE CAPA
Liane Neves

MANUSCRITOS DE CAPA E MIOLO
Acervo Mario Quintana / Acervo Instituto Moreira Salles

REVISÃO
Rita Godoy
Tamara Sender

CIP-Brasil. Catalogação na fonte
Sindicato Nacional dos Editores de Livros, RJ, Brasil

Q67a

    Quintana, Mario
        O aprendiz de feiticeiro seguido de Espelho mágico
    / Mario Quintana. − 1ª ed. − Rio de Janeiro: Objetiva,
    2012.
        184p.

        ISBN 978-85-7962-161-1

        1. Poesia brasileira. I. Título: O aprendiz de
    feiticeiro. II. Título: Espelho mágico.

12-5514   CDD: 869.91
                        CDU: 821.134.3(81)-1

2ª reimpressão

[2017]

Todos os direitos desta edição reservados à
EDITORA SCHWARCZ S.A.
Praça Floriano, 19 — Sala 3001
20031-050 — Rio de Janeiro — RJ
Telefone: (21) 3993-7510
www.objetiva.com.br

Sumário

11 Da poesia e outros feitiços
Carola Saavedra

15 O aprendiz de feiticeiro

19 *Pino*
20 *O dia*
21 *De repente*
22 *Mundo*
23 *Jazz*
24 *O poema*
25 *Floresta*
26 *Casas*
27 *O anjo da escada*
28 *Veranico*
29 *Cripta*
30 *O poema do amigo*
31 *Obsessão do mar oceano*
33 *Sempre*
34 *Função*
35 *A menina*
36 *Depois*
37 *A canção*
38 *O cais*

39	*O poema*
40	*Boca da noite*
41	*As pálpebras estão descidas*
42	*Noturno*
43	*As belas, as perfeitas máscaras*
44	*A noite*
45	*Os caminhos estão cheios de tentações*
46	*Ao longo das janelas mortas*
47	*Momento*
48	*No silêncio terrível*
49	*Bar*
50	*Cântico*

51	ESPELHO MÁGICO

55	*I Da observação*
56	*II Do amigo*
57	*III Do estilo*
58	*IV Da preocupação de escrever*
59	*V Das belas frases*
60	*VI Do cuidado da forma*
61	*VII Da voluptuosidade*
62	*VIII Dos mundos*
63	*IX Da inquieta esperança*
64	*X Da vida ascética*
65	*XI Das corcundas*
66	*XII Das utopias*
67	*XIII Do belo*
68	*XIV Do mal e do bem*

69	*XV Do mau estilo*
70	*XVI Da discreta alegria*
71	*XVII Da indulgência*
72	*XVIII Dos pescadores de almas*
73	*XIX Dos milagres*
74	*XX Dos sofrimentos quotidianos*
75	*XXI Das ilusões*
76	*XXII Da boa e da má fortuna*
77	*XXIII Dos nossos males*
78	*XXIV Da infiel companheira*
79	*XXV Da paz interior*
80	*XXVI Da mediocridade*
81	*XXVII Do espírito e do corpo*
82	*XXVIII Do* Homo sapiens
83	*XXIX Da análise*
84	*XXX Do eterno mistério*
85	*XXXI Da pobre alma*
86	*XXXII Das verdades*
87	*XXXIII Da beleza das almas*
88	*XXXIV Da perfeição da vida*
89	*XXXV Da eterna procura*
90	*XXXVI Da falsidade*
91	*XXXVII Da contradição*
92	*XXXVIII Do prazer*
93	*XXXIX Do pranto*
94	*XL Do sabor das coisas*
95	*XLI Da arte de ser bom*
96	*XLII Do espetáculo de si mesmo*
97	*XLIII Da inútil sabedoria*
98	*XLIV Dos livros*

99	*XLV Da sabedoria dos livros*
100	*XLVI Dos sistemas*
101	*XLVII Do exercício da filosofia*
102	*XLVIII Das ideias*
103	*XLIX Dos pequenos ridículos*
104	*L Da amizade entre mulheres*
105	*LI Da inconstância das mulheres*
106	*LII Do que elas dizem*
107	*LIII Das leis da natureza*
108	*LIV Do golpe de vista*
109	*LV Do espetáculo desta vida*
110	*LVI Da compreensão*
111	*LVII Da sinceridade*
112	*LVIII Do direito de contradizer-me*
113	*LIX Do riso*
114	*LX Da interminável despedida*
115	*LXI Dos títulos do leão*
116	*LXII Dos pontos de vista*
117	*LXIII Das falsas posições*
118	*LXIV Dos males*
119	*LXV Das alianças desiguais*
120	*LXVI Dos defeitos e das qualidades*
121	*LXVII Do capítulo primeiro do Gênesis*
122	*LXVIII Da felicidade*
123	*LXIX Da virtude*
124	*LXX Da caridade*
125	*LXXI Das penas de amor*
126	*LXXII Do objeto amado*
127	*LXXIII Da realidade*
128	*LXXIV Do amoroso esquecimento*

129	*LXXV Das confidências*
130	*LXXVI Da discrição*
131	*LXXVII Da indiscrição*
132	*LXXVIII Da preguiça*
133	*LXXIX Da contração ao trabalho*
134	*LXXX Do ovo de Colombo*
135	*LXXXI Da ação*
136	*LXXXII Da agitação da vida*
137	*LXXXIII Do mal da velhice*
138	*LXXXIV Da moderação*
139	*LXXXV Da viuvez*
140	*LXXXVI Do outro mundo*
141	*LXXXVII Dos benefícios da pobreza*
142	*LXXXVIII Da riqueza*
143	*LXXXIX Da alegria nas atribulações*
144	*XC Dos defeitos alheios*
145	*XCI Das inclinações e do estômago*
146	*XCII Da plenitude*
147	*XCIII Da velha história*
148	*XCIV Da razão*
149	*XCV Da sátira*
150	*XCVI Dos hóspedes*
151	*XCVII Da calúnia*
152	*XCVIII Da experiência*
153	*XCIX Das devotas*
154	*C Da conformidade*
155	*CI Da humana condição*
156	*CII Da vergonha*
157	*CIII De como perdoar aos inimigos*
158	*CIV Da amiga assistência*

159	*CV Da maneira de amar os inimigos*
160	*CVI Do verdadeiro mérito*
161	*CVII Da condição humana*
162	*CVIII Da falta de troco*
163	*CIX Da amarga sabedoria*
164	*CX Da morte*
165	*CXI Da própria obra*
166	*Nota*

167 **APÊNDICES**

169	*Sobre Mario Quintana*
173	*Cronologia da obra*
175	*Índice de títulos*

Da poesia e outros feitiços

Carola Saavedra

O aprendiz de feiticeiro e o *Espelho Mágico* foram publicados respectivamente em 1950 e 1951. Em comum, além da proximidade cronológica, são títulos que nos dão uma pista de como Mario Quintana enxergava o fazer poético e seu próprio lugar nesse mundo. A poesia aproxima-se das artes ocultas, dos feitiços, abracadabras, prestidigitações. Tanto no sentido de acontecimento inexplicável, fantástico, quanto em seu sentido de sedução. Ou seja, apesar do aparato racional, lógico, que é a gramática, a sintaxe, há na escrita poética um espaço aberto para o inexplicável. Uma ordem oculta cujas leis somente o poeta conhece. Afinal, que mágica é essa capaz de transformar um texto em poesia? E de dar ao leitor a possibilidade de adentrar no próprio verso, na própria frase, como se ela se transformasse – magicamente – a cada leitura. E o poeta, ao escrever as palavras, cria um caleidoscópio capaz de transformar, inesperada e continuamente, o mundo, suas ideias e suas imagens.

Podemos imaginar que, para que isso se torne possível, seja necessário o uso de uma linguagem hermética, pouco acessível, palavras em sânscrito ou idiomas desconhecidos. Mas não é o que acontece nas duas obras a seguir. O leitor que, ao abrir este livro, se deparar com a poesia de Mario Quintana pela primeira vez, verá que se trata de um autor extremamente claro, direto. Talvez uma espécie de generosidade. As palavras são comuns, acessíveis, palavras da vida, do dia a dia. Em *O aprendiz de feiticeiro*, os poemas têm títulos como: o dia, pino, floresta, casas, a menina, o cais. Uma espécie de pequena recriação do mundo, das coisas básicas que o compõem. Já em *Espe-*

lho mágico, o poeta se aproxima desse mundo que foi criado, como se tentasse explicá-lo (sabendo que não há explicações), e os poemas têm títulos como: Do amigo, dos mundos, das utopias, do mal e do bem, do pranto, da contradição. Pois a mágica está justamente aí, no surgimento da poesia, da beleza, onde em geral há apenas janelas, calçadas, caminhos, nuvens. É invocando forças da natureza e lançando mão de ingredientes comuns que Mario Quintana transforma o mundo em volta e fascina o leitor: "Ao longo dos muros da morte / Corre a menina com o arco. / O vento agita-lhe a saia florida / E a terra negra nem lhe imprime o rastro..." Assim como um feiticeiro, alguém poderia dizer. Ele certamente nos corrigiria, acrescentando, um aprendiz. Um aprendiz de feiticeiro, porque a poesia nunca é arte que se domine totalmente, há sempre algo que falta, que nos escapa. Há sempre algo à espreita. Algo mítico, fabuloso.

Tanto *O aprendiz de feiticeiro* como *Espelho mágico* remetem a antigas fábulas. *O aprendiz de feiticeiro* é uma menção a um famoso poema de Goethe com o mesmo título, *Der Zauberlehrling*, mas o tema é bem mais antigo e aparece inclusive na lenda do Golem. A história (que depois, entre outras coisas, será transformada por Walt Disney em desenho animado) pode ser resumida da seguinte forma: Um aprendiz de feiticeiro, encarregado de fazer a limpeza na oficina de seu mestre, aproveita-se de sua ausência para, proferindo palavras mágicas mal-aprendidas, fazer com que a vassoura se transforme numa espécie de servo e faça o trabalho por ele. A vassoura deve carregar os baldes de água e limpar o chão. No início, tudo parece correr às mil maravilhas, e o aprendiz olha entusiasmado para sua obra. Mas logo a seguir, como não domina as artes da feitiçaria, o feitiço foge ao seu controle. A vassoura se multiplica, e de um momento a outro surge um exército delas carregando baldes de água e provocando uma inundação. É necessário que o mestre retorne para, com uso das palavras corretas, colocar ordem no caos. Voltando ao título escolhido por Mario Quintana, o poeta talvez seja aquele que tem acesso às palavras mágicas, mas de forma imperfeita, sempre à beira do caos. O poeta como aquele que, inconsequente ou corajoso, manipula forças muito maiores do que ele. O que, de certa forma, também é o caso do espelho mágico. O espelho mágico aparece em diversas lendas e fábulas, na maior parte delas trata-se de um espelho que tem a resposta para qualquer pergunta, o espelho que tudo sabe e tudo vê. E também, assim como o feitiço, um espelho que nos seduz com nossa própria imagem, com aquilo que somos capazes de saber. Ou seja, há nessa sedução, nesse desejo de acesso à "verdade" das coisas, ao inexplicável, um grande perigo. O perigo de se perder em meio a palavras cujo significado constantemente nos ultrapassa. Já que muitas vezes essas palavras, essa verdade, ao virem à tona, podem destruir-nos, inundar o mundo à nossa volta. Então, como lidar com isso? O poeta talvez seja um bom guia e nos mostre possíveis caminhos. Já que é justamente na iminência do caos, nessa imperfeição, que se constrói a poesia.

O aprendiz de feiticeiro

(1950)

Para Augusto Meyer

Pino

Doze touros
Arrastam a pedra terrível.

Doze touros.
Os músculos vibram
Como cordas.

Nenhuma rosa
Nos cornos sonoros.
Nenhuma.

Nas torres que ficam acima das nuvens
Exausto de azul
Boceja o Rei de Ouros.

O dia

O dia de lábios escorrendo luz

O dia está na metade da laranja

O dia sentado nu

Nem sente os pesados besouros

Nem repara que espécie de ser... ou deus... ou animal é esse

           [que passa no frêmito da hora

Espiando o brotar dos seios.

De repente

Olho-te espantado:

Tu és uma Estrela do Mar.

Um minério estranho.

Não sei...

No entanto,

O livro que eu lesse,

O livro na mão.

Era sempre o teu seio!

Tu estavas no morno da grama,

Na polpa saborosa do pão...

Mas agora encheram-se de sombra os cântaros

E só o meu cavalo pasta na solidão.

Mundo

E eis que naquele dia a folhinha marcava uma data em

[caracteres desconhecidos,
Uma data ilegível e maravilhosa.

Quem viria bater à minha porta?

Ai, agora era um outro dançar, outros os sonhos e incertezas,
Outro amar sob estranhos zodíacos...

Outro...

E o terror de construir mitologias novas!

Jazz

Deixa subirem os sons agudos, os sons estrídulos do jazz no ar.
Deixa subirem: são repuxos: caem...

Apenas ficarão os arroios correndo sem rumor dentro da noite.
E junto a cada arroio, nos campos ermos,
Um Anjo de Pedra estará postado.

O Anjo de Pedra que está sempre imóvel por detrás de todas
[as coisas —
Em meio aos salões de baile, entre o fragor das batalhas, nos
[comícios das praças públicas —
E em cujos olhos sem pupilas, brancos e parados,
Nada do mundo se reflete.

O poema

Um poema como um gole d'água bebido no escuro.
Como um pobre animal palpitando ferido.
Como pequenina moeda de prata perdida para sempre na
[floresta noturna.
Um poema sem outra angústia que a sua misteriosa condição
[de poema.
Triste.
Solitário.
Único.
Ferido de mortal beleza.

Floresta

Dédalo de dedos.

Lanterninhas súbitas.

Escutam as orelhas-de-pau. Ssssio...

O gigante deitado

Se virou pro outro lado.

A velha Carabô

Parou de pentear os cabelos.

E o Vencido... são as duas mãos e a cabeça do Vencido que

[se arrastam.

Que se arrastam penosamente para o poço da Lua,

Para o frescor da Lua, para o leite da Lua, para a lua da Lua!

(Filha, onde teria ficado o resto do corpo?).

Casas

PARA CECÍLIA MEIRELES

A casa de Herédia, com grandes sonetos dependurados como

[panóplias

E escadarias de terceiro ato,

A casa de Rimbaud, com portas súbitas e enganosos

[corredores, casa-diligência-navio-aeronave-pano,

[onde só não se perdem os sonâmbulos e os

[copos de dados,

A casa de Apollinaire, cheia de reis de França e

[valetes e damas dos quatro naipes e onde a

[gente quebra admiráveis vasos barrocos correndo

[atrás de pastorinhas do século XVIII,

A casa de William Blake, onde é perigoso a gente entrar,

[porque pode nunca mais sair de lá,

A casa de Cecília, que fica sempre noutra parte...

E a casa de João-José, que fica no fundo de um

[poço, e que não é propriamente casa, mas uma

[sala de espera no fundo do poço.

O anjo da escada

Na volta da escada,

Na volta escura da escada.

O Anjo disse o meu nome.

E o meu nome varou de lado a lado o meu peito.

E vinha um rumor distante de vozes clamando clamando...

Deixa-me!

Que tenho a ver com as tuas naus perdidas?

Deixa-me sozinho com os meus pássaros...

com os meus caminhos...

com as minhas nuvens...

Veranico

Um par de tamanquinhos
Prova o timbre da manhã.

Será o Rei dos Reis,
Com os seus tamanquinhos?

Ei-lo que volta agora zumbindo num trimotor.

Um reflexo joga os seus dados de vidro.
       alta
     alta
E a minha janela é alta
Como o olhar dos que seguiram o voo do primeiro balão
Ou como esses poleiros onde cismam imóveis as invisíveis
         [cacatuas de Deus.

Cripta

Debaixo da mesa

A negrinha.

Assustada,

Assustada.

Na janela

A lua.

No relógio

O tempo.

No tempo

A casa.

E no porão da casa?

No porão da casa umas estranhas ex-criaturas

     [com cabelos de teia de aranha e os olhos sem

     [luz sem luz e todas se esfarelando que nem

     [mariposas ai todas se esfarelando mas sempre

     [se remexendo eternamente se remexendo como

     [anêmonas fofas no fundo de um poço de um

     [poço!

O poema do amigo

Estranhamente esverdeado e fosfóreo,
Que de vezes já o encontrei, em escusos bares submarinos,
O meu calado cúmplice!

Teríamos assassinado juntos a mesma datilógrafa?
Encerráramos um anjo do Senhor nalgum escuro calabouço?
Éramos necrófilos
Ou poetas?
E aquele segredo sentava-se ali entre nós todo o tempo,
Como um convidado de máscara.

E nós bebíamos lentamente a ver se recordávamos...

E através das vidraças olhávamos os peixes
    [maravilhosos e terríveis cujas complicadas formas
    [eram tão difíceis de compreender como os nomes
    [com que os catalogara Marcus Gregorovius na
    [sua monumental *Fauna Abyssalis*.

Obsessão do mar oceano

Vou andando feliz pelas ruas sem nome...
Que vento bom sopra do Mar Oceano!
Meu amor eu nem sei como se chama,
Nem sei se é muito longe o Mar Oceano...
Mas há vasos cobertos de conchinhas
Sobre as mesas... e moças nas janelas
Com brincos e pulseiras de coral...
Búzios calçando portas... caravelas
Sonhando imóveis sobre velhos pianos...
Nisto,
Na vitrina do bric o teu sorriso, Antínous,
E eu me lembrei do pobre imperador Adriano,
De su'alma perdida e vaga na neblina...
Mas como sopra o vento sobre o Mar Oceano!
Se eu morresse amanhã, só deixaria, só,
Uma caixa de música
Uma bússola
Um mapa figurado
Uns poemas cheios da beleza única
De estarem inconclusos...
Mas como sopra o vento nestas ruas de outono!

E eu nem sei, eu nem sei como te chamas...
Mas nos encontraremos sobre o Mar Oceano,
Quando eu também já não tiver mais nome.

Sempre

Jamais se saberá com que meticuloso cuidado
Veio o Todo e apagou o vestígio de Tudo
E
Quando nem mais suspiros havia
Ele surgiu de um salto
Vendendo súbitos espanadores de todas as cores!

Função

Varri-me como uma pista.
Frescor de adro, pureza um pouco triste
De página em branco... Mas um bando
De moças enche o recinto de pestanas.
Mas entram inquietos pôneis.
Ridículos.
Ergo os braços, escorre-me o riso pintado
E uma pura pura lágrima
Que estoura como um balão.

A menina

Ao longo dos muros da morte

Corre a menina com o arco.

O vento agita-lhe a saia florida

E a terra negra nem lhe imprime o rastro...

Depois

Nem a coluna truncada:
Vento.
Vento escorrendo cores.
Cor dos poentes nas vidraças.
Cor das tristes madrugadas.
Cor da boca...
Cor das tranças...
Ah,
Das tranças avoando loucas
Sob sonoras arcadas...
Cor dos olhos...
Cor das saias
Rodadas...
E a concha branca da orelha
Na imensa praia
Do tempo.

A canção

Era a flor da morte
E era uma canção...

Tão linda que só se poderia ler dançando

E que nada dizia
Em sua graça ingênua
Dos subterrâneos êxtases e horrores em que estavam
[mergulhadas as suas raízes...
Mas estava fragilmente pintada sobre o véu do silêncio

Onde a morta jazia com os seus cabelos esparsos
Com os seus dedos sem anéis
Com os seus lábios imóveis

E que talvez houvessem desaprendido para sempre até as
[sílabas com que outrora pronunciavam meu nome...
Onde a morta jazia, na sua misteriosa ingratidão!

Era uma pobre canção,
Ingênua e frágil,
Que nada dizia...

O cais

Naquele nevoeiro
Profundo profundo...
Amigo ou amiga,
Quem é que me espera?

Quem é que me espera,
Que ainda me ama,
Parado na beira
Do cais do Outro Mundo?

Amigo ou Amiga
Que olhe tão fundo
Tão fundo em meus olhos
E nada me diga...

Que rosto esquecido...
Ou radiante face
Puro sorriso
De algum novo amor?!

O poema

O poema é uma pedra no abismo,
O eco do poema desloca os perfis:
Para bem das águas e das almas
Assassinemos o poeta.

Boca da noite

No espelho roto das poças d'água
O céu entristece...
Jesus Cristo encontrou o Menino Jesus.
Houve uma leve hesitação no ar...
Houve, de fato, qualquer cousa no ar...
Meu amigo morto me pediu um cigarro.
O que seria que aconteceu?
Todas as vitrinas de repente iluminaram-se...
E há uma estrela morta em cada poça d'água...

As pálpebras estão descidas

As pálpebras estão descidas
E as mãos em cruz sobre o peito...
Mas quem é que pisa vidros?
Quem estala dedos no ar?
As pálpebras estão descidas.
Não mastigues folhas secas!
Não mastigues folhas secas,
Que te pode fazer mal...
— Quem é que canta no mar? —
As mãos repousam no peito.
E eu quero ver se bem cedo
Pescam meu corpo em Xangai.

Noturno

Não sei por que, sorri de repente
E um gosto de estrela me veio na boca...
Eu penso em ti, em Deus, nas voltas inumeráveis que fazem
[os caminhos.

Em Deus, em ti, de novo...
Tua ternura tão simples...
Eu queria, não sei por que, sair correndo descalço pela noite
[imensa
E o vento da madrugada me encontraria morto junto de um
[arroio,
Com os cabelos e a fronte mergulhados na água límpida...
Mergulhados na água límpida, cantante e fresca de um arroio!

As belas, as perfeitas máscaras

As belas, as perfeitas máscaras de perfil severo

Que a morte, no silêncio, esculpe,

Encheram-se de uma estranha claridade...

Que anjos tocam, através do mundo e das estrelas,

Através dos sensíveis rumores,

O canto grave dos violoncelos profundos?

Alma perdida, vagabunda, Messalina sonâmbula, insaciada...

Que procuras na noite morta, Alma transviada,

Com tuas mãos vazias e tristes?

Cantam os viloncelos... A noite sobe como um balão...

Meus olhos vão ficando cada vez mais lúcidos...

Soluçam os violoncelos... Ah,

Como é gelado o teu lábio,

Pura estrela da manhã!

A noite

A Noite é uma enorme Esfinge de granito negro
Lá fora.
Eu acendo a minha lâmpada de cabeceira.
Estou lendo Sherlock Holmes.
Mas, nos ventres, há fetos pensativos desenvolvendo-se...
E há cabelos que estão crescendo, lentamente, por debaixo

[da terra,
Junto com as raízes úmidas...
E há cânceres... cânceres... distendendo-se como lentos dedos.
Impossível, meu caro doutor Watson, seguir o fio desta sua

[confusa e deliciosa história.
A Noite amassa pavor nas entrelinhas.
E um grude espesso, obscuro...
Vontade de gritar claros nomes serenos
PALLAS NAUSICAA ATHENA Ai, mas os deuses se foram...
Só tu aí ficaste...
Só tu, do fundo da noite imensa, a agonizares eternamente

[na tua cruz!...

Os caminhos estão cheios de tentações

Os caminhos estão cheios de tentações.
Os nossos pés arrastam-se na areia lúbrica...
Oh! tomemos os barcos das nuvens!
Enfunemos as velas dos ventos!
Os nossos lábios tensos incomodam-nos como estranhas
[mordaças.
Vamos! vamos lançar no espaço — alto, cada vez mais alto!
[— a rede das estrelas...
Mas vem da terra, sobe da terra, insistente, pesado,
Um cheiro quente de cabelos...
A Esfinge mia como uma gata.
E o seu grito agudo agita a insônia dos adolescentes pálidos,
O sono febril das virgens nos seus leitos.
De que nos serve agora o Cristo do Corcovado?!
Há um longo, um arquejante frêmito nas palmeiras, em torno...
A Noite negra, demoradamente,
Aperta o mundo entre os seus joelhos.

Ao longo das janelas mortas

Ao longo das janelas mortas
Meu passo bate as calçadas.
Que estranho bate!... Será
Que a minha perna é de pau?
Ah, que esta vida é automática!
Estou exausto da gravitação dos astros!
Vou dar um tiro neste poema horrível!
Vou apitar chamando os guardas, os anjos, Nosso Senhor,

[as prostitutas, os mortos!

Venham ver a minha degradação,
A minha sede insaciável de não sei o quê,
As minhas rugas.
Tombai, estrelas de conta,
Lua falsa de papelão,
Manto bordado do céu!
Tombai, cobri com a santa inutilidade vossa
Esta carcaça miserável de sonho...

Momento

E, de repente,

Todas as coisas imóveis se desenharam mais nítidas

[no silêncio

As pálpebras estavam fechadas.

Os cabelos pendidos.

E os anjos do Senhor traçavam cruzes sobre as portas.

No silêncio terrível

No silêncio terrível do Cosmos
Há de ficar uma última lâmpada acesa.
Mas tão baça
Tão pobre
Que eu procurarei, às cegas, por entre os papéis revoltos,
Pelo fundo dos armários,
Pelo assoalho, onde estarão fugindo imundas ratazanas,
O pequeno crucifixo de prata
— O pequenino, o milagroso crucifixo de prata que tu me

[deste um dia

Preso a uma fita preta.
E por ele os meus lábios convulsos chorarão
Viciosos do divino contato da prata fria...
Da prata clara, silenciosa, divinamente fria — morta!
E então a derradeira luz se apagará de todo...

Bar

No mármore da mesa escrevo

Letras que não formam nome algum.

O meu caixão será de mogno,

Os grilos cantarão na treva...

Fora, na grama fria, devem estar brilhando as gotas

[pequeninas do orvalho.

Há, sobre a mesa, um reflexo triste e vão

Que é o mesmo que vem dos óculos e das carecas.

Há um retrato do Marechal Deodoro proclamando a

[República.

E de tudo irradia, grave, uma obscura, uma lenta música...

Ah, meus pobres botões! eu bem quisera traduzir,

[para vós, uns dois ou três compassos do Universo!...

Infelizmente não sei tocar violoncelo...

A vida é muito curta, mesmo...

E as estrelas não formam nenhum nome.

Cântico

O vento verga as árvores, o vento clamoroso da aurora...

Tu vens precedida pelos voos altos,

Pela marcha lenta das nuvens.

Tu vens do mar, comandando as frotas do Descobrimento!

Minh'alma é trêmula da revoada dos Arcanjos.

Eu escancaro amplamente as janelas.

Tu vens montada no claro touro da aurora.

Os clarins de ouro dos teus cabelos cantam na luz!

Espelho mágico

(1951)

A Monteiro Lobato

O.D.C.

O AUTOR

Porto Alegre, abril de 1945

Não sejas muito justo; nem mais sábio do que é

necessário, para que não venhas a ser estúpido.

Eclesiastes 7, 16.

I Da observação

Não te irrites, por mais que te fizerem...

Estuda, a frio, o coração alheio.

Farás, assim, do mal que eles te querem,

Teu mais amável e sutil recreio...

II Do amigo

Olha! É como um vaso
De porcelana rara o teu amigo.
Nunca te sirvas dele... Que perigo!
Quebrar-se-ia, acaso...

III Do estilo

Fere de leve a frase... E esquece... Nada
    Convém que se repita...
Só em linguagem amorosa agrada
A mesma coisa cem mil vezes dita.

IV Da preocupação de escrever

Escrever... Mas por quê? Por vaidade, está visto...
    Pura vaidade, escrever!
Pegar da pena... Olhai que graça terá isto,
Se já se sabe tudo o que se vai dizer!...

v Das belas frases

Frases felizes... Frases encantadas...
Ó festa dos ouvidos!
Sempre há tolices muito bem ornadas...
Como há pacóvios bem vestidos.

VI Do cuidado da forma

Teu verso, barro vil,
No teu casto retiro, amolga, enrija, pule...
Vê depois como brilha, entre os mais, o imbecil,
Arredondado e liso como um bule!

VII Da voluptuosidade

Tudo, mesmo a velhice, mesmo a doença,

Tudo comporta o seu prazer...

E até o pobre moribundo pensa

Na maneira mais suave de morrer...

VIII Dos mundos

Deus criou este mundo. O homem, todavia,
Entrou a desconfiar, cogitabundo...
Decerto não gostou lá muito do que via...
E foi logo inventando o outro mundo.

IX Da inquieta esperança

Bem sabes Tu, Senhor, que o bem melhor é aquele

Que não passa, talvez, de um desejo ilusório.

Nunca me dês o Céu... quero é sonhar com ele

    Na inquietação feliz do Purgatório...

x Da vida ascética

Não foge ao mundo o verdadeiro asceta,
Pois em si mesmo tem seu próprio asilo.
E em meio à humana turba, arrebatada e inquieta,
   Só ele é simples e tranquilo.

XI Das corcundas

As costas de Polichinelo arrasas
Só porque fogem das comuns medidas?
Olha! quem sabe não serão as asas
De um Anjo, sob as vestes escondidas...

XII Das utopias

Se as coisas são inatingíveis... ora!
Não é motivo para não querê-las...
Que tristes os caminhos, se não fora
A mágica presença das estrelas!

XIII Do belo

Nada, no mundo, é, por si mesmo, feio.
Inda a mais vil mulher, inda o mais triste poema,
Palpita sempre neles o divino anseio
    Da beleza suprema...

XIV Do mal e do bem

Todos têm seu encanto: os santos e os corruptos.

Não há coisa, na vida, inteiramente má.

Tu dizes que a verdade produz frutos...

Já viste as flores que a mentira dá?

xv Do mau estilo

Todo o bem, todo o mal que eles te dizem, nada
    Seria, se soubessem expressá-lo...
O ataque de uma borboleta agrada
Mais que todos os beijos de um cavalo.

XVI Da discreta alegria

Longe do mundo vão, goza o feliz minuto
Que arrebataste às horas distraídas.
Maior prazer não é roubar um fruto
Mas sim ir saboreá-lo às escondidas.

XVII Da indulgência

Não perturbes a paz da tua vida,
Acolhe a todos igualmente bem.
A indulgência é a maneira mais polida
De desprezar alguém.

XVIII Dos pescadores de almas

Se Deus, tal como Satanás, procura
As almas aliciar... por que deixa ao Pecado
Esse caminho suave, essa fatal doçura
E faz do Bem um fruto amargo e indesejado?

XIX Dos milagres

O milagre não é dar vida ao corpo extinto,
Ou luz ao cego, ou eloquência ao mudo...
Nem mudar água pura em vinho tinto...
Milagre é acreditarem nisso tudo!

xx Dos sofrimentos quotidianos

Tricas... Nadinhas mil... Ridículos extremos...
Enxame atroz que em torno à gente esvoaça.
E disto, e só por isto envelhecemos...
Nem todos podem ter uma grande desgraça!

XXI Das ilusões

Meu saco de ilusões, bem cheio tive-o.

Com ele ia subindo a ladeira da vida.

E, no entretanto, após cada ilusão perdida...

Que extraordinária sensação de alívio!

XXII Da boa e da má fortuna

É sem razão, e é sem merecimento,
  Que a gente a sorte maldiz:
Quanto a mim, sempre odiei o sofrimento,
  Mas nunca soube ser feliz...

XXIII Dos nossos males

A nós nos bastem nossos próprios ais,
Que a ninguém sua cruz é pequenina.
Por pior que seja a situação da China,
Os nossos calos doem muito mais...

XXIV Da infiel companheira

Como um cego, grita a gente:
"Felicidade, onde estás?"
Ou vai-nos andando à frente...
Ou ficou lá para trás...

XXV Da paz interior

O sossego interior, se queres atingi-lo,
Não deixes coisa alguma incompleta ou adiada.
Não há nada que dê um sono mais tranquilo
Que uma vingança bem executada...

XXVI Da mediocridade

Nossa alma incapaz e pequenina
Mais complacência que irrisão merece.
Se ninguém é tão bom quanto imagina,
Também não é tão mau como parece.

XXVII Do espírito e do corpo

O espírito é variável como o vento,

Mais coerente é o corpo, e mais discreto...

Mudaste muita vez de pensamento,

Mas nunca de teu vinho predileto...

XXVIII Do *Homo sapiens*

E eis que, ante a infinita Criação,
O próprio Deus parou, desconcertado e mudo!
Num sorriso, inventou o *Homo sapiens*, então,
Para que lhe explicasse aquilo tudo...

XXIX Da análise

Eis um problema! E cada sábio nele aplica

As suas lentes abismais.

Mas quem com isso ganha é o problema, que fica

Sempre com um x a mais...

xxx Do eterno mistério

"Um outro mundo existe... uma outra vida..."
Mas de que serve ires para lá?
Bem como aqui, tu'alma atônita e perdida
   Nada compreenderá...

XXXI Da pobre alma

Como é que hás de poder, ó Alma, devassar
Essas da pura essência invisíveis paragens?
Tu que enfim não és mais do que um ansioso olhar!
Ó pobre Alma adoradora das Imagens...

XXXII Das verdades

A verdade mais nova, ela somente, existe!
Até que um dia, para os mais meninos,
Vai tomando esse aspecto, entre irrisório e triste,
    Dos velhos figurinos...

XXXIII Da beleza das almas

Se é bela a alma em si, que importa o proceder?
Com Marco Antônio, rei da sedução,
Sentiriam os Anjos mais prazer
Do que na companhia de Catão...

XXXIV Da perfeição da vida

Por que prender a vida em conceitos e normas?
O Belo e o Feio... o Bom e o Mau... Dor e Prazer...
Tudo, afinal, são formas
E não degraus do Ser!

XXXV Da eterna procura

Só o desejo inquieto, que não passa,
Faz o encanto da coisa desejada...
E terminamos desdenhando a caça
Pela doida aventura da caçada.

XXXVI Da falsidade

Foi tudo falso, o que ela disse?
Fecha os olhos e crê: a mentira é tão linda!
Nem ela sabe que fingir meiguice
É o mais certo sinal de que te ama ainda...

XXXVII Da contradição

Se te contradisseste e acusam-te... sorri.
Pois nada houve, em realidade.
Teu pensamento é que chegou, por si,
Ao outro polo da Verdade...

XXXVIII Do prazer

Quanto mais leve tanto mais sutil
O prazer que das coisas nos provém.
Escusado é beber todo um barril
Para saber que gosto o vinho tem.

XXXIX Do pranto

Não tentes consolar o desgraçado

Que chora amargamente a sorte má.

Se o tirares por fim do seu estado,

Que outra consolação lhe restará?

XL Do sabor das coisas

Por mais raro que seja, ou mais antigo,
Só um vinho é deveras excelente:
Aquele que tu bebes calmamente
Com o teu mais velho e silencioso amigo...

XLI Da arte de ser bom

Sê bom. Mas ao coração
Prudência e cautela ajunta.
Quem todo de mel se unta,
Os ursos o lamberão.

XLII Do espetáculo de si mesmo

Conhecer a si mesmo é inútil, parece,
  Mas sempre diverte um pouco...
Coisa assim como um louco que tivesse
  Consciência de que é louco.

XLIII Da inútil sabedoria

"Conhece-te a ti mesmo." Dessa, agora,
O alcance não adivinho.
Muito mais útil nos fora
Conhecer nosso vizinho...

XLIV Dos livros

Não percas nunca, pelo vão saber,
A fonte viva da sabedoria.
Por mais que estudes, que te adiantaria,
Se a teu amigo tu não sabes ler?

XLV Da sabedoria dos livros

Não penses compreender a vida nos autores.
  Nenhum disto é capaz.
Mas, à medida que vivendo fores,
  Melhor os compreenderás.

XLVI Dos sistemas

Já trazes, ao nascer, tua filosofia.
As razões? Essas vêm posteriormente,
Tal como escolhes, na chapelaria,
    A forma que mais te assente...

XLVII Do exercício da filosofia

Como o burrico mourejando à nora,
A mente humana sempre as mesmas voltas dá...
Tolice alguma nos ocorrerá
Que não a tenha dito um sábio grego outrora...

XLVIII Das ideias

Qualquer ideia que te agrade,
Por isso mesmo... é tua.
O autor nada mais fez que vestir a verdade
Que dentro em ti se achava inteiramente nua...

XLIX Dos pequenos ridículos

Nunca faças escândalos. Ao menos,
  Visto que tanto ousas,
  Não os faças pequenos...
O ridículo está é nas pequenas cousas.

L Da amizade entre mulheres

Dizem-se amigas... Beijam-se... Mas qual!
    Haverá quem nisso creia?
Salvo se uma das duas, por sinal,
    For muito velha, ou muito feia.

LI Da inconstância das mulheres

Deixaram-te por outro... e te arrelias

Contra esse antigo, feminil defeito.

Outro refrão, porém, me cantarias,

Se ela traísse a alguém em teu proveito...

LII Do que elas dizem

O que elas dizem nunca tem sentido?
Que importa? Escuta-as um momento.
Como quem ouve, entre encantado e distraído,
A voz das águas... o rumor do vento...

LIII Das leis da natureza

Falar contra as mulheres...
Que ingenuidade a tua!
Dize-me, acaso queres
Ironizar as variações da lua?

LIV Do golpe de vista

Ah, quem me dera, ante o espetáculo do mundo,
Sem mais hesitações e sem maior fadiga,
Esse instantâneo olhar, incisivo e profundo,
Com que julga a mulher as toaletes da amiga!

LV Do espetáculo desta vida

Impossível será que melhor vida exista,
Enquanto o mundo assim se distribuir:
No palco a Estupidez, para ser vista,
E a Inteligência na plateia, a rir...

LVI Da compreensão

Uns dizem mal de nós, mas sempre existe alguém
    Que nos estime, afinal...
E todo o bem que diz, esse precioso bem...
    Meu Deus!... como o diz mal!

LVII Da sinceridade

Tens um amigo que fala bem
E um cão que nada explica.
Um jura-te amizade... O outro, porém,
Seus bons serviços te dedica.

LVIII Do direito de contradizer-me

Que eu tenha um juízo ab eterno
E sempre a mesma opinião?
Mas por que devo suar no inverno
Só porque o fiz no verão?

LIX Do riso

As setas de ouro de teu riso inflige
À sombra que te quer amedrontar.
    Um canto muros erige:
    Um riso os faz desabar.

LX Da interminável despedida

Ó Mocidade, adeus! Já vai chegar a hora!
Adeus, adeus... Oh! essa longa despedida...
E sem notar que há muito ela se foi embora,
Ficamos a acenar-lhe toda a vida...

LXI Dos títulos do leão

Ele que é força pura, ele que é puro egoísmo,
No entanto é o Nobre, é o Justo... é Sua Alteza o Leão!
Pois que só um consolo resta à escravidão:
    Idealizar o despotismo...

LXII Dos pontos de vista

A mosca, a debater-se: "Não! Deus não existe!
Somente o Acaso rege a terrena existência!"
A Aranha: "Glória a Ti, Divina Providência,
Que à minha humilde teia essa mosca atraíste!"

LXIII Das falsas posições

Com a pele do leão vestiu-se o burro um dia.
Porém no seu encalço, a cada instante e hora,
"Olha o burro! Fiau! Fiau!" gritava a bicharia...
Tinha o parvo esquecido as orelhas de fora!

LXIV Dos males

Mono Velho, a gemer de gota, avista um leão.
Qual gota! Qual o quê! Logo trepa a um coqueiro
Nada, para esquecer uma aflição,
Como um grande tormento verdadeiro...

LXV Das alianças desiguais

Gato do Mato e Leão, conforme o combinado,
Juntos caçavam corças pelo mato.
As corças escaparam... Resultado:
Não escapou o gato.

LXVI Dos defeitos e das qualidades

Diz o Elefante às Rãs que em torno dele saltam:
"Mais compostura! Ó Céus! Que piruetas incríveis!"
Pois são sempre, nos outros, desprezíveis
As qualidades que nos faltam...

LXVII Do capítulo primeiro do Gênesis

Sesteava Adão. Quando, sem mais aquela,
Se achega Jeová e diz-lhe, malicioso:
"Dorme, que este é o teu último repouso".
    E retirou-lhe Eva da costela.

LXVIII Da felicidade

Quantas vezes a gente, em busca da ventura,
Procede tal e qual o avozinho infeliz:
Em vão, por toda parte, os óculos procura,
    Tendo-os na ponta do nariz!

LXIX Da virtude

Com que tenacidade
Vai seguindo a Virtude a dolorosa Via!
Olhai! passo a passo, a Vaidade
Lhe serve de companhia...

LXX Da caridade

Se se pudesse dar, indefinidamente,
Mas sem, do que se deu, nada perder, em suma,
    Ainda assim, muita gente
    Nunca daria coisa alguma...

LXXI Das penas de amor

É só por teu egoísmo impenitente
Que o sentimento se transforma em dor.
O que julgas, assim, penas de amor,
São penas de amor-próprio, simplesmente...

LXXII Do objeto amado

Impossível que a gente haja nascido
Com os encantos que um no outro vê!
E um belo dia se descobre que
Houvera apenas um mal-entendido...

LXXIII Da realidade

O sumo bem só no ideal perdura...
Ah! quanta vez a vida nos revela
Que "a saudade da amada criatura"
É bem melhor do que a presença dela...

LXXIV Do amoroso esquecimento

Eu, agora, — que desfecho!
Já nem penso mais em ti...
Mas será que nunca deixo
De lembrar que te esqueci?

LXXV Das confidências

Quiseste expor teu coração a nu...

E assim, ouvi-lhe todo o amoroso enleio

Ah, pobre amigo, nunca saibas tu

Como é ridículo o amor... alheio...

LXXVI Da discrição

Não te abras com teu amigo
Que ele um outro amigo tem.
E o amigo de teu amigo
Possui amigos também...

LXXVII Da indiscrição

Passível é de judicial sentença
O que na casa alheia se intromete.
Só nos falta é uma lei que aos importunos vete
A entrada em nossas almas, sem licença...

LXXVIII Da preguiça

Suave Preguiça, que do malquerer
E de tolices mil ao abrigo nos pões...
Por causa tua, quantas más ações
Deixei de cometer!

LXXIX Da contração ao trabalho

Forcejares assim dessa maneira...

Olha! Só aos basbaques impressiona,

A esses que vão espiar, nos barracões de lona,

A ingênua exibição dos hércules de feira...

LXXX Do ovo de Colombo

Nos acontecimentos, sim, é que há Destino:
Nos homens, não — espuma de um segundo...
Se Colombo morresse em pequenino,
O Neves descobria o Novo Mundo!

LXXXI Da ação

Ante o Herói, num sorriso o teu pasmo transforma:
Ele que faça História, e a desfaça, à vontade...
Pobre bárbaro, entregue à mais grosseira forma
Da múltipla e infinita Realidade!

LXXXII Da agitação da vida

Lida no doido afã!
Vamos! Investe, vai contra os moinhos de vento!
Um dia tu verás que tudo é sombra vã,
Tênue fumo que a morte assopra num momento...

LXXXIII Do mal da velhice

Chega a velhice um dia... E a gente ainda pensa

Que vive... E adora ainda mais a vida!

Como o enfermo que em vez de dar combate à doença

Busca torná-la ainda mais comprida...

LXXXIV Da moderação

Cuidado! Muito cuidado...
Mesmo no bom caminho urge medida e jeito.
Pois ninguém se parece tanto a um celerado
Como um santo perfeito...

LXXXV Da viuvez

Ele está morto. Ela, aos ais.
Mas, neste lúgubre assunto,
Quem fica viúvo é o defunto...
Porque esse não casa mais.

LXXXVI Do outro mundo

Mandou chamar um moribundo
Seus inimigos e abraçá-los quis.
"Bem se vê (um então lhe diz)
Que já não és deste mundo..."

LXXXVII Dos benefícios da pobreza

Pobreza invejas não traz
   A ninguém...
Dize-me, acaso lhe descobrirás
   Um outro bem?

LXXXVIII Da riqueza

O dinheiro não traz venturas, certamente.
Mas dá algum conforto... E em verdade te digo:
Sempre é melhor chorar junto à lareira quente
    Do que na rua, ao desabrigo.

LXXXIX Da alegria nas atribulações

"Olha! o melhor é sorrires!"
Mas já se viu que lembrança!
Dá-me primeiro a bonança,
Que eu te darei o arco-íris...

xc Dos defeitos alheios

Do pródigo sorris... "Coitado! é um bom sujeito..."
Mas o avarento... "Ui! que sórdido animal!"
    Pudera não! se por sinal
    Não tiras deste um só proveito...

XCI Das inclinações e do estômago

Se do lado de Deus ou do Diabo te pões,

    Isto são coisas intestinas...

No sábado de noite: álcool e bailarinas...

Domingo de manhã: limonada e sermões...

XCII Da plenitude

Um dia, ao Zé Caipora e ao Zé Feliz,
Apresentou-se um gênio benfazejo.
E, para espanto seu, "Eu nada mais desejo..."
    Cada um lhe diz.

XCIII Da velha história

A história de Pia e Pio

Deste modo se passou:

Tanto ele a perseguiu

Que ela um dia o apanhou...

XCIV Da razão

Que de tolices, talvez,
Tem evitado a Razão!
O triste é que até hoje nunca fez
Nenhuma grande ação...

XCV Da sátira

A sátira é um espelho: em sua face nua,
  Fielmente refletidas,
Descobres, de uma em uma, as caras conhecidas,
  E nunca vês a tua...

XCVI Dos hóspedes

Esta vida é uma estranha hospedaria,
De onde se parte quase sempre às tontas,
Pois nunca as nossas malas estão prontas,
E a nossa conta nunca está em dia...

XCVII Da calúnia

Sorri com tranquilidade

Quando alguém te calunia.

Quem sabe o que não seria

Se ele dissesse a verdade...

XCVIII Da experiência

A experiência de nada serve à gente.
É um médico tardio, distraído:
Põe-se a forjar receitas quando o doente
    Já está perdido...

XCIX Das devotas

Depois de todos os encantos idos,

Lhes chega a Devoção, em voo silencioso,

Coruja triste que só faz o pouso

No oco dos velhos troncos carcomidos...

c Da conformidade

Isto de ideias singulares...
Um grande escolho!
Se em meio aos tortos por acaso andares,
Fecha um olho.

CI Da humana condição

Custa o rico a entrar no Céu
(Afirma o povo e não erra).
Porém muito mais difícil
É um pobre ficar na terra...

CII Da vergonha

Ora, o que sentes é puro
Receio de seres visto.
Não, vergonha não é isto:
Vergonha é a que tens no escuro...

CIII De como perdoar aos inimigos

Perdoas... és cristão... bem o compreendo...
    E é mais cômodo, em suma.
Não desculpes, porém, coisa nenhuma,
Que eles bem sabem o que estão fazendo...

CIV Da amiga assistência

Um novo amigo tens? Não te cause alegria
Essa afeição de todos os momentos.
Mais um que há de trazer, para os teus sofrimentos,
   A sua inócua *simpatia*...

CV Da maneira de amar os inimigos

Novo inimigo tens? Não te cause pesar
    Tão risonho motivo...
No dia em que triunfes, hás de achar
Na cara dele o teu prazer mais vivo.

CVI Do verdadeiro mérito

Esse talento que te faz tão altaneiro

Não vem de ti: é um dom, como a beleza ou a graça. Mais te

orgulhe, se o tens, teu cavalo de raça...

Pois foi comprado com o teu dinheiro.

CVII Da condição humana

Se variam na casca, idêntico é o miolo,
Julguem-se embora de diversa trama:
Ninguém mais se parece a um verdadeiro tolo
Que o mais sutil dos sábios quando ama.

CVIII Da falta de troco

Quase nunca ao mais alto dos talentos
Um prático sucesso corresponde:
Se só tens uma nota de quinhentos
Como conseguirás andar de bonde?

CIX Da amarga sabedoria

Conhecer a si mesmo e aos outros... Ver ao mal
Com mais clareza... ó triste e doloroso dom!
  E sofrer mais que todos, no final,
    Sem o consolo de ter sido bom.

cx Da morte

Um dia... pronto!... me acabo.
Pois seja o que tem de ser.
Morrer que me importa?... O diabo
   É deixar de viver!

CXI Da própria obra

Exalça o Remendão seu trabalho de esteta...
Mestre Alfaiate gaba o seu corte ao freguês...
    Por que motivo só não pode o Poeta
        Elogiar o que fez?

Nota

O Quarteto XLVIII, que assim começa:

> *Qualquer ideia que te agrade*
> *Por isso mesmo... é tua...*

dispensaria esta nota. Em todo caso, para dar uma satisfação ao leitor desprevenido dir-lhe-ei que o número V foi colhido em La Bruyère, o LIII em Molière (era useiro e vezeiro em tais empréstimos), o LVI em Rivarol, o LXIII em La Fontaine (outro que tal), o LXIX em La Rochefoucauld, o LXXVII em D. Francisco Manuel de Melo, e o XCV, que deu título ao livro, em Swift.

Quanto aos de número XVII, XLIV, XLV, L, LV, LXII, LXXXIII, XC, LXXXV e XCVI, é-me agora impossível lhes descobrir as fontes, visto que não foram propriamente hauridos na obra de seus autores, mas retive-os, quase sem querer, ao acaso da preguiçosa e desconexa leitura de almanaques e revistas — problema este que, desde já, deixo entregue à paciente exegese das traças.

Outras aproximações ou encontros que porventura ocorram acham-se incursos e previstos no número XLVII.

M. Q.

Apêndices

Sobre Mario Quintana

Nasceu em Alegrete, Rio Grande do Sul, no ano de 1906. Veio ao mundo em família de raiz urbana e escolarizada. Seus avós, tanto o paterno quanto o materno, eram médicos. Seu pai era um dono de farmácia que lia em francês para os filhos ainda crianças.

Aos 13 anos, vai para Porto Alegre, estudar no Colégio Militar como aluno interno. Entre idas e vindas, acaba não terminando o colegial, apesar de ser leitor voraz e frequentador da Biblioteca Pública. Quando sai do colégio, aos 17 anos, não tem diploma, mas já se inicia na vida literária porto-alegrense, mesmo quando volta a morar em Alegrete, no ano seguinte. Em 1926, um conto de sua autoria é o vencedor de concurso patrocinado por importante jornal da capital gaúcha na época (*Diário de Notícias*).

Falecidos mãe e pai, transfere-se definitivamente para Porto Alegre em 1929, onde passa a trabalhar como jornalista. No ano seguinte, aventura-se na política e vai até o Rio de Janeiro, seguindo Getúlio Vargas. Fica apenas seis meses na então capital federal. Voltará cinco anos depois, em temporada marcante para sua vida, quando travará conhecimento com os poetas que mais admira: Cecília Meireles e Manuel Bandeira, os outros dois grandes líricos modernos brasileiros.

Nos anos 30, Quintana estabiliza-se na vida profissional, como jornalista e como tradutor assalariado pela Editora Globo. Nesse período, desabrocha e viceja o poeta, que se apresenta finalmente ao mundo numa coletânea própria. Lança seu primeiro livro, *A rua dos cataventos*, em 1940. O livro de poemas inaugura nova etapa em sua vida, ao mesmo tempo que coroa uma década de progressivo amadurecimento.

A década de 40 e a primeira metade dos anos 50 serão de grande atividade para Quintana. Dessa época são os livros de poesia *Canções* (1946), *Sapato florido* (1948), *O aprendiz de feiticeiro* (1950), *Espelho mágico* (1951, com prefácio de Monteiro Lobato) e um volume de *Inéditos e esparsos*, publicado em 1953 na cidade de Alegrete. É ainda nesse período que começa a publicar o *Caderno H* ("textos escritos em cima da hora, na hora H"), primeiro na revista *Província de São Pedro*, e depois, a partir de 1953, no jornal *Correio do Povo*, onde permaneceu por décadas. As prosas curtas, as croniquetas, as evocações e os poemas em prosa do *Caderno H* angariarão a Quintana seu primeiro e fiel público de leitores, que só fará crescer a partir daí. Entre as muitas traduções feitas por Quintana no período, destacam-se as de Marcel Proust, que marcaram época.

Depois de breve interregno, as décadas de 60 e 70 assinalarão a consagração nacional do poeta Quintana. Em 1962, reúne sua produção poética em *Poesias*. Em 1966, quando completa 60 anos, sai a *Antologia Poética*, organizada por Rubem Braga e Paulo Mendes Campos para a prestigiosa Editora do Autor, livro vencedor do Prêmio Fernando Chinaglia ("melhor livro do ano"). As homenagens públicas se sucedem: saudação na Academia Brasileira de Letras por Augusto Meyer e Manuel Bandeira (1966), Cidadão Honorário de Porto Alegre (1967), placa de bronze em Alegrete (com a famosa inscrição: "Um engano em bronze é um engano eterno."), medalha "Negrinho do pastoreio" do estado do Rio Grande do Sul e, ao completar 70 anos, em 1976, prêmio Pen Clube de poesia.

Os setent'anos, em vez de assinalarem um começo de fim, apontam para um novo começo na trajetória de poeta e prosador de Mario Quintana. São desse momento dois de seus livros mais destacados: *A vaca e o hipogrifo*, de pequenas prosas, e *Apontamentos de história sobrenatural*, de pura poesia elegíaca em versos simples reveladores de grande maturidade criativa. Os lançamentos se sucederão, e novo momento de consagração ocorre em 1980, quando recebe o prêmio Machado de Assis da Academia Brasileira de Letras. Vale lembrar que ao longo de sua carreira Quintana também publicou alguns notáveis livros dirigidos ao público infantil.

Depois de sofrer um atropelamento, o poeta octogenário não deixará de produzir e galgará novas alturas em matéria de prêmios, homenagens, títulos universitários honorários. Em meio a tantas glórias, a maior é ver-se poeta popular, concretizando a fusão com a alma das gentes, meta maior de cronistas e líricos. Em 1985, é escolhido patrono da Feira do Livro de Porto Alegre, o mais clássico dos eventos literários brasileiros. Nesse ano ainda, sai o *Diário poético*, agenda pessoal de grande venda, em que a cada dia consta um pequeno texto de sua autoria.

Falece em 1994, aos 88 anos de idade. Seus últimos e produtivos dez anos trouxeram antologias, novos livros de poemas, novas coletâneas de crônicas do *Caderno H*, livros infantis. Já nesse período, e de forma mais intensa postumamente, sua obra frutifica em adaptações, encenações, musicalizações. A palavra do poeta fertiliza.

Italo Moriconi

Fontes: CARVALHAL, Tania Franco. Cronologia, in *Mario Quintana – poesia completa*, Rio de Janeiro, Ed. Nova Aguilar, 2005. FISCHER, Luís Augusto. Viagem em linha reta, in *Mario Quintana/Cadernos de literatura brasileira*, São Paulo, Instituto Moreira Salles, 2009.

Cronologia da obra

OBRAS PUBLICADAS

A rua dos cataventos (1940)

Canções (1946)

Sapato florido (1948)

O aprendiz de feiticeiro (1950)

Espelho mágico (1951)

Inéditos e esparsos (1953)

Caderno H (1973)

Apontamentos de história sobrenatural (1976)

A vaca e o hipogrifo (1977)

Esconderijos do tempo (1980)

Baú de espantos (1986)

Da preguiça como método de trabalho (1987)

Preparativos de viagem (1987)

Porta giratória (1988)

A cor do invisível (1989)

Velório sem defunto (1990)

Água: os últimos textos de Mario Quintana (2001, póstumo)

Obra reunida

Poesias (Porto Alegre, Globo, 1962)

Poesia completa (Rio de Janeiro, Nova Aguilar, 2005)

Infantojuvenil

O batalhão das letras (1948)

Pé de pilão (1975)

Lili inventa o mundo (1983)

Nariz de vidro (1984)

Sapo amarelo (1984)

Primavera cruza o rio (1985)

Sapato furado (1994)

Traduções no exterior

Objetos perdidos y otros poemas (Buenos Aires, 1979)

Mario Quintana: poemas (Lima, 1984)

[Em antologias]

Brazilian literature (Nova York, 1945)

Poesía brasileña contemporánea (Montevidéu, 1947)

Antología de la poesía brasileña (Madri, 1952)

Un secolo di poesia brasiliana (Siena, 1954)

Anthologie de la poésie brésilienne contemporaine (Paris, 1954)

Nuestra America. Antología de la poesía brasileña: cuadernillos de poesía (Buenos Aires, 1959)

Antología poética de la poesía brasileña (Barcelona, 1973)

Las voces solidarias (Buenos Aires, 1978)

Índice de títulos

I Da observação, *55*

II Do amigo, *56*

III Do estilo, *57*

IV Da preocupação de escrever, *58*

V Das belas frases, *59*

VI Do cuidado da forma, *60*

VII Da voluptuosidade, *61*

VIII Dos mundos, *62*

IX Da inquieta esperança, *63*

X Da vida ascética, *64*

XI Das corcundas, *65*

XII Das utopias, *66*

XIII Do belo, *67*

XIV Do mal e do bem, *68*

XV Do mau estilo, *69*

XVI Da discreta alegria, *70*

XVII Da indulgência, *71*

XVIII Dos pescadores de almas, *72*

XIX Dos milagres, *73*

XX Dos sofrimentos quotidianos, *74*

XXI Das ilusões, *75*

XXII Da boa e da má fortuna, *76*

XXIII Dos nossos males, *77*

XXIV Da infiel companheira, *78*

XXV Da paz interior, *79*

XXVI Da mediocridade, *80*

XXVII Do espírito e do corpo, *81*

XXVIII Do *Homo sapiens, 82*

XXIX Da análise, *83*

XXX Do eterno mistério, *84*

XXXI Da pobre alma, *85*

XXXII Das verdades, *86*

XXXIII Da beleza das almas, *87*

XXXIV Da perfeição da vida, *88*

XXXV Da eterna procura, *89*

XXXVI Da falsidade, *90*

XXXVII Da contradição, *91*

XXXVIII Do prazer, *92*

XXXIX Do pranto, *93*

XL Do sabor das coisas, *94*

XLI Da arte de ser bom, *95*

XLII Do espetáculo de si mesmo, *96*

XLIII Da inútil sabedoria, *97*

XLIV Dos livros, *98*

XLV Da sabedoria dos livros, *99*

XLVI Dos sistemas, *100*

XLVII Do exercício da filosofia, *101*

XLVIII Das ideias, *102*

XLIX Dos pequenos ridículos, *103*

L Da amizade entre mulheres, *104*

LI Da inconstância das mulheres, *105*

LII Do que elas dizem, *106*

LIII Das leis da natureza, *107*

LIV Do golpe de vista, *108*

LV Do espetáculo desta vida, *109*

LVI Da compreensão, *110*

LVII Da sinceridade, *111*

LVIII Do direito de contradizer-me, *112*

LIX Do riso, *113*

LX Da interminável despedida, *114*

LXI Dos títulos do leão, *115*

LXII Dos pontos de vista, *116*

LXIII Das falsas posições, *117*

LXIV Dos males , *118*

LXV Das alianças desiguais, *119*

LXVI Dos defeitos e das qualidades, *120*

LXVII Do capítulo primeiro do Gênesis, *121*

LXVIII Da felicidade, *122*

LXIX Da virtude, *123*

LXX Da caridade, *124*

LXXI Das penas de amor, *125*

LXXII Do objeto amado, *126*

LXXIII Da realidade, *127*

LXXIV Do amoroso esquecimento, *128*

LXXV Das confidências, *129*

LXXVI Da discrição, *130*

LXXVII Da indiscrição, *131*

LXXVIII Da preguiça, *132*

LXXIX Da contração ao trabalho, *133*

LXXX Do ovo de Colombo, *134*

LXXXI Da ação, *135*

LXXXII Da agitação da vida, *136*

LXXXIII Do mal da velhice, *137*

LXXXIV Da moderação, *138*

LXXXV Da viuvez, *139*

LXXXVI Do outro mundo, *140*

LXXXVII Dos benefícios da pobreza, *141*

LXXXVIII Da riqueza, *142*

LXXXIX Da alegria nas atribulações, *143*

XC Dos defeitos alheios, *144*

XCI Das inclinações e do estômago, *145*

XCII Da plenitude, *146*

XCIII Da velha história, *147*

XCIV Da razão, *148*

XCV Da sátira, *149*

XCVI Dos hóspedes, *150*

XCVII Da calúnia, *151*

XCVIII Da experiência, *152*

XCIX Das devotas, *153*

C Da conformidade, *154*

CI Da humana condição, *155*

CII Da vergonha, *156*

CIII De como perdoar aos inimigos, *157*

CIV Da amiga assistência, *158*

CV Da maneira de amar os inimigos, *159*

CVI Do verdadeiro mérito, *160*

CVII Da condição humana, *161*

CVIII Da falta de troco, *162*

CIX Da amarga sabedoria, *163*

CX Da morte, *164*

CXI Da própria obra, *165*

A canção, *37*

A menina, *35*

A noite, *44*

Ao longo das janelas mortas, *46*

As belas, as perfeitas máscaras, *43*

As pálpebras estão descidas, *41*

Bar, *49*

Boca da noite, *40*

Cântico, *50*

Casas, *26*

Cripta, *29*

De repente, *21*

Depois, *36*

Floresta, *25*

Função, *34*

Jazz, *23*

Momento, *47*

Mundo, *22*

No silêncio terrível, *48*

Noturno, *42*

O anjo da escada, *27*

O cais, *38*

O dia, *20*

O poema do amigo, *30*

O poema, *24*

O poema, *39*

Obsessão do mar oceano, *31*

Os caminhos estão cheios de tentações, *45*

Pino, *19*

Sempre, *33*

Veranico, *28*

1ª EDIÇÃO [2012] 2 reimpressões

ESTA OBRA FOI COMPOSTA PELA ABREU'S SYSTEM EM ADOBE GARAMOND
E IMPRESSA EM OFSETE PELA GEOGRÁFICA SOBRE PAPEL PÓLEN SOFT DA SUZANO
PAPEL E CELULOSE PARA A EDITORA SCHWARCZ EM JANEIRO DE 2017

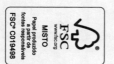

A marca FSC® é a garantia de que a madeira utilizada na fabricação do papel deste livro provém de florestas que foram gerenciadas de maneira ambientalmente correta, socialmente justa e economicamente viável, além de outras fontes de origem controlada.